1901
2005

35
SoX-35th
to 95th 站

Today's Game Has Been Postponed

WANG 67

美國行✕台灣環島的**珍藏手繪本**

曾 文 誠
的
私 房 畫

圖、文————曾文誠

一位知名球評的隨筆記事、棒球老男孩的畫話記遊，
球場、美食、人文、美景，讓曾文誠畫給你看！

國道高速公路
FREEWAY 2

苑裡
Yuanli 7

大甲
Dajia 12

臺灣鐵路局
區間
追分站
至
成功站

東河包子

多卡鐵馬驛站

實現夢想的那一天

常富寧

「人因夢想而偉大。」這一句至理名言，是從小在我的作文之中常被引用的一句話。它說明了一個夢想對於你我的重要性。

2007 年的世界大賽是我生平第一次踏入美國職棒大聯盟的球場。也是文誠自 1998 年後相隔了十年再次前往美國轉播大聯盟的比賽。當時的我覺得身為 MLB 的主播，卻從來沒有在美國的球場看過比賽，似乎是一件蠻不可思議的事情。也因此，當時默默許下想要到美國看比賽的心願……同時，文誠也曾在當時說過：「如果我再來美國，希望是和你一起來。」這樣的一句話！我也還清楚記得和文誠打趣地說：我們下一次再來美國可別要再等十年……沒想到一語成讖！

話說我們這一個夢想的起源和「一路玩到掛」這一部電影可能有點關係，各位看過這部影片之後也有許多不同的

體會。對於文誠和我來說，當我們的話題提及這部電影，而且四目相交的同時……腦中浮現的對話框：我們也該有個bucket list了！這是我們所擁有的共同夢想，隨著時間的流逝，伴隨兩人越來越多討論和規劃，這些都一步步勾勒出要實現夢想的那一天越來越近了。

這一趟美國之行雖然沒有我們想像中的 VW 麵包車相伴，也少了騎乘哈雷在一望無際的公路上漂泊的場景。但是從亞利桑那一路到芝加哥，兩人不停地將此行的一切記錄下來，這也是他能夠出版這一本新書最重要的基礎。我們搭乘了不少國內線班機，也租車在雪地中奔馳，完成了文誠想在米國開車上路的願望；在各個城市間每隔兩天移動一次。除了錯過了一班飛機之外，一切堪稱平安順利。

這一路上我們見識了大聯盟的球場之美，體驗了異國美食和在地文化。就連搖滾樂名人堂也被我列入，必定要和他一起去的地方。另外一件我覺得很有意思的事情應該就是：我們還安排了在芝加哥五大湖畔慢跑的行程。如果說有什麼遺憾的話，大概就是我們沒有更多的時間，再多看一些球場吧！

這一次我們的私人行程，由我這個「偽枕邊人」來為新書寫點東西應該是再適合不過的了！我們在這兩個星期的時間中所經歷的點點滴滴，也許你沒有辦法親身參與。但是透過文誠輕鬆而寫實的筆觸，加上他深藏不露的畫畫功夫，相信可以給各位讀者帶來身歷其境的感受。

旅行到了尾聲，最讓我感動的是在回程班機上，文誠已經開始著手草擬了下次我們再度前往美國造訪的簡單行程了。當時，我感受到人生中有他這一位亦師亦友的大哥，無論是在生活中，在工作上，彼此相互扶持或是接受他的建議，現在我們的曖昧關係中又增加了在人生旅途上結伴而行。這些都是我前世修來的福氣！但是，會不會下一次我們要到 2025 年才能再度出發了？

（本文作者現為 FOX 體育台主播）

透過球評的眼睛看世界

林莉莉

我的弟弟曾文誠是個球評，總以語言帶領觀眾「閱讀」球賽。讀者透過他的語言評析，深一層地去認識發生在眼前的賽事。但是，這次，讀者有機會透過曾文誠的「眼睛」來捕捉關於運動的種種畫面。阿誠的畫作精準詼諧，一如他的評論，以細膩的觀察，呈現旅行途中的隨想，如果棒球賽事是條火腿，旁人只認識火腿的形狀顏色，阿誠的畫作就是一道道火腿切片，透過他的隨筆，呈現旅途的肌理。

白襪球場女廁指標，和其他球場有何不同？響尾蛇小聯盟春訓餐廳，用什麼牌子的醬油？球場提供什麼東西，讓觀眾可以免費用到爽？這些普通觀眾無緣得窺的細節，通通藏在他的畫作裡，想不會心一笑都難。

比攝影集更不同，畫作有溫度、有筆觸。阿誠的畫風獨具一格，2013 年，他說他要學畫，我送他一本畫本，沒想到開啟了阿誠的繪畫之路。畫畫成為姊弟的話題，聊最近畫了什麼，聊繪畫工具，互相分享繪畫心得。我佩服他的快速，停個紅綠燈信手捻來就是一張。判斷力、決斷力一百，無須多言無須構圖，想來也許跟他的職業有關。阿誠的畫風，純真帶點繪本的色彩，讀者可能難以將這種風格和阿誠連在一起，不過作為他的姐姐，倒覺得這個風格，忠實反映了我心目中的弟弟。

（本文作者為曾文誠親姊姊、熱愛繪畫）

這是本充滿
老男孩浪漫情懷的書！

卓君澤

　　身為棒球迷，恨不得有萬貫家財和休不完的假，從亞洲旅行到美洲，把所有能打棒球的球場都走遍。

　　可惜，這兩樣我都沒有（笑）。

　　球評曾文誠是我從小聽到大的聲音，雖然這麼說他會有些不開心，但必須說，就像好酒一樣，曾公（暱稱）可是越陳越香。

　　曾公給人跟電視上的印象不太一樣，認識他就是個驚喜！就跟他的圖畫一樣讓人會心一笑，有細膩、有童趣。

　　如果你喜歡旅遊也愛棒球，還剛剛好是曾公粉絲的話，這本圖文書絕對不能錯過，牽著老男孩的手，一起來趟書上棒球旅行吧！

　　（本文作者現為 TSNA 執行長）

正在做一件快樂的事

曾文誠

小學上美術課，老師問我們：「以後誰想當畫家？」好像只有我舉手吧。老師看著我笑笑地說：「當畫家以後會餓死喔！」餓死！聽起來多恐怖啊。是不是自此就打消了當畫家的念頭，好像是吧。

那一年我十歲。

接著人生像陀螺轉個不停，就這麼轉到近五十之齡，期間人生雖有不平順，難免有風波、小浪潮。但好運如我，也平安抵達人生下場，擁有美滿的家庭、不匱乏的經濟，甚至比他人多了點知名度，朋友說我是人生勝利組，不！我說我是人生奮鬥組，在奮鬥的過程中有兩件喜好是不變的，這也是多數人了解的「曾文誠」、愛喝咖啡、愛看棒球的曾文誠，但沒有任何人知道，我也很愛畫畫，既當不成畫家，那我畫給自己看總行吧。

有那麼一次，在必須出鏡的 live 節目前的空檔，我隨手拿起桌上的紙筆就塗鴉了起來，化妝師轉身看到大叫：「你怎麼會畫畫？」當下其實是有那麼一點欣喜她如此地大驚小怪，至少她看得出來我在作畫，然後看得出我在畫什麼。不知道喜歡畫畫的人是不是都和我一樣，怕畫得不像，怕被笑，尤其我們這種無師自通的人更是如此，但有點很肯定的是，每次動筆時心情都是很平靜的，用更白話的說法是：「感覺正在做一件讓自己高興的事」、不論是畫會動的人形、不會動的物件。

正巧數年前「手繪城市」的風氣興起，流行把街道上的一景一物畫進紙本中，那時我快五十有了吧，心想那不就是我很常做的事嗎？所以也順勢買了市面相關的畫籍，加入相關的社團，有時欣賞有時臨摹別人作品，就當做自己可以再進步的動力。然後，實力足夠開展的大姐莉莉也必然是我請教的對象，小時候她總告訴我寫字時身體要坐正，要

一筆一畫慢慢來，現在則說要眼先觀察，才能畫好畫，重點不是像不像，而是能畫出自己要的感覺才是重點，所以不論是古建築物或莊嚴的廟宇都曾留下我們一起作畫的足跡。

以前總是畫給自己看，但拜處在這只有網路沒有距離的時代，社群媒體提供我們更多元的管道舒發，所以偶爾我也會在上面露兩手，算是自娛也娛人，

不過隨著共鳴及驚呼聲累積，自己好像也飄飄然增加了不少信心。

「要不要出畫冊？」開始有這樣的聲音出來，起初我只是當做那是另類恭維的話，但聲音好像慢慢多了起來，包括長期和我合作的好讀出版。「我真的可以嗎？」我是這麼強烈懷疑過自己，這可不是棒球書籍，關於棒球，自認比別人多懂一些，所以有資格出書跟大家

分享，但畫畫？真的可以嗎？

　　但轉念一想，一場球賽內容好不好看，在於參賽者是否認真拚鬥，同理，能不能用心畫、畫出感覺好像才是重點，至少我是這麼認為。

　　至於書的內容，是以美國大聯盟球場之旅，還有自行車環島為主，對我而言這兩件事都是我人生要完成的重要目標，以前常想退休後要去美國看球、要騎車繞台灣一圈，然後要學畫，後來陸續幾位親友離我而去，才發現人生是難料的，是無法等待的，所以說行動就行動，至少完成這兩件事是過去兩三年來

最棒的回憶，如今把最棒的回憶畫入書中，沒有比這三件事結合再一起更完美的了。

　　這是我第一本「畫話書」，感覺很像初上大聯盟的心情，有點美夢成真之感，至於表現如何？留待大家的指教，但很確定的是，我會一直一直畫下去，因為那是在做一件很快樂的事。

攝影／柯書文

Wen Chen Tseng

Major League Baseball

曾文誠 ✕ 美國大聯盟

Wen Chen Tseng

Cycling Around Taiwan

曾文誠 ✕ 自行車環島

曾文

來去美國

　　每個人都有夢，也該有夢，我一直這麼覺得。想去美國開著車到各個大聯盟球場去看球，一直是我的夢想，這個夢想來自於一個 Master Card 的廣告：兩個好朋友駕著車從東到西一路看球，途中不論花了多少錢多少時間與體力，最後所得到的卻　是無價的人生回憶。儘管是商業廣告，但卻相當感動了我。「何時也來上一趟呢？」常這樣自問自答。

　　後來在轉播大聯盟比賽時，或許是看著球賽進行時所播出的畫面更有感吧，就對著轉播的好搭檔常富寧說起：改天我們也開著車到全美各地走走吧？我的建議他附合得很快，自此之後，旅遊計畫成了我們球賽進行切換廣告時的最佳話題，但我們好像也只是停留在坐而言的階段，一直紙上談兵了好久、好久。

　　一直到了 2015 年快年終了吧，我跟常富寧說我們做了好久的夢也該認真去實行，要不就明年出發吧！會這麼說這麼想，也許是那幾年感觸特別深，每年都有些親人好友離我而去，人生無常，今天不做明天就後悔的念頭愈來愈深，所以出發去吧！於是從下決心，擬行程訂機位、飯店到辦採訪證，短短時間就搞定，這當中對美國熟門熟路的常富寧出了不少力，少了他事情也許沒有那麼順利，無論如何最後一切都就緒了，亞美利堅我們來了！

讓你周到爽的防曬油

用到爽的防曬油

　　我看到這個玩意兒時，本想這是什麼？後來看到上面的英文字，才驚覺實在太貼心了啦！之前在台北大安森林公園跑步時，在步道邊常看到公園管理處設置的防蚊液箱，提供市民免費的防蚊液，當時就深覺貼心。而在這熱到爆炸的亞歷桑那春訓基地，有幾樣東西是少不了的：飲水、太陽眼鏡及防曬油。第一個好像大家隨身帶著，第二樣是有那麼點貴啦，要給免錢的好像有點強人所難。沒想到第三樣居然就在球場內架設起來，到處提供這種讓你塗好塗滿塗到爽的設備，實在是設想周到喔。

不知名的超甜球場食物.

到球場就是要吃

　　到美國看球每個人都告訴你一件事，除了欣賞球賽之外，一定要吃每個球場的特色美食。所以我到道奇球場吃了熱狗，到芬威球場吃烤肉，到洛磯球場吃牛罢丸（是的，就這個名字）。那麼到春訓場地呢？好像沒有聽過有什麼特別的，倒是在觀看響尾蛇對洛磯的比賽，發現人手一串這玩意兒，初看時因為顏色實在太鮮艷了，所以第一個念頭是這很甜吧、熱量很高吧？吞下去那我的血糖指數不就……但想想人都已經踩在美國球場了，不是要吃特色食物嗎，這看起來不就很有特色嗎？吃吧！果不其然夭壽甜，不過說真的偶爾來上一串真的是很棒的，尤其淋上滿滿的草莓醬，棒極了。話雖如此，以我的標準，嗯，一年吃一次就好。

歡迎棒球迷的 Outlet

　　每年春訓期間亞歷桑那擠滿了各地來的球迷，這麼多外來的觀光客，有人就有錢，對當地的商家而言，自然是大賺一筆的機會，對這麼多遠來的衣食父母自然不能怠慢，所以在 Phoenix Outlet 入口處就有個大大的歡迎看板，上頭當然有大大的棒球圖樣，告訴你大家一樣都是棒球迷，我們有多歡迎你、還有你口袋中的鈔票。

outlet 歡迎球迷的看板

亞歷桑那星巴克杯

巨人迷的星巴克

　　很喜歡待星巴克，在台灣如此去國外也是，尤其每到一個地方必買城市杯，朋友說那是一種「另類打卡」的概念。喜歡星巴克是因為它總讓人感受到寧靜舒適的氣氛，這家鳳凰城內的星巴克更是如此，但既然是春訓的大本營，棒球 fu 一定少不了，只不過這家星巴克的棒球風好像也太「獨特」了，只有櫃台掛著一幀超大的巨人隊旗，不知店長是巨人球迷或是只歡迎巨人球迷，這種不怕得罪人的做生意方式還真是少見呢，也應該是全世界獨一無二吧。

超大巨人旗油漆
鳳凰城星巴克

只給台灣人用的好料

　　起眼的醬油瓶卻大有學問。去參觀響尾蛇小聯盟春訓基地，雖是小聯盟級數，但樣樣設備都沒有少，包括水療室、健身房還有餐廳等，尤其在參觀餐廳的過程中，在廣大的佐料台上竟驚見一瓶上頭有中文字的龜甲萬醬油，經詢問之後才知道，原來是球隊為了迎來隊史第一位台灣球員黃暐傑，避免他飲食不適，影響訓練效果，所以特地為了他買了瓶醬油，希望他餐餐吃得好，有更佳的表現。

　　所以從中可以看出，即便是個小聯盟最低層級的選手，大聯盟球團依然照顧周到，如此細節都想得到，實在不簡單，也難怪會發展這麼成功了。佩服！

響尾蛇小聯盟春訓基地少見的醬油

小聯盟高檔水療室

　　看到響尾蛇小聯盟基地的選手水療室，明知道是小聯盟專用，但還是忍不住說：「這是小聯盟用的嗎？」答案當然還是不變。如果看起來如此高檔的水療室只供小聯盟使用，那大聯盟該是如何豪華？好吧，已羨慕。

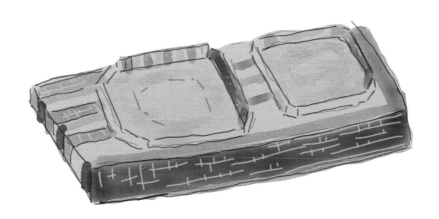

小聯盟春訓基地水療室.

絕佳景觀的用餐區

　　必須說這是這一輩子最棒的 Fridays 餐廳的用餐經驗了。這家 Fridays 座落於響尾蛇主場內，嚴格說來應該是 Chase Field 左外野正上方，在此用餐，尤其是賽前，可看到兩隊的打擊守備練習，正巧那天春訓回到大聯盟比賽場地，作客的是皇家隊，也首次看到重回大聯盟的王建民身影，光看他在全壘打牆前幫忙接球，就感動不已。

　　那天室內球場的 Chase Field 屋頂是開著的，夕陽餘暉照進場內，我坐在餐椅上手握著咖啡杯，這種無法以語言形容的感覺，只能說大聯盟球迷真是太幸福啦。

百年民宿

也許是一個美麗的錯誤吧，從鳳凰城轉機到堪薩斯市，因為錯過了登機時間，在機候補了整整十幾個鐘頭之後，總算登上往堪薩斯市的班機，但這一搞等飛機著地時已經將近凌晨了，更慘的是，到了當地才發現我們並沒有訂房，這下不是完蛋了嗎。幸好身處在這網路的時代，有手機能上網就比較好解決，不過說解決也只是上網亂滑而已，結果滑著滑著就點了一個名為 Silver Heart Inn 的民宿，想說只是一晚而已，就將就將就，卻沒想到是人生的大驚奇。

清咸豐八年，對於這樣的年代你有概念嗎？沒有概念也知道在中華民國成立之前，肯定是很久遠很久遠的事，在午夜時分踏入這民宿時，親切的民宿女主人 Melanie 熱心引我們進門後，就介紹這棟民宿的歷史，原來早在 1858 年，也就是清咸豐八年時建築即已落成，且保存至今狀況仍相當理想（甚至可以拿來做生意）。

平民宅

接著下來 Melanie 一一介紹每個傢俱每個擺設，不知這算不算民宿主人在每當有人入住時的 SOP，但從早上歷經趕不上飛機，等待轉機的十幾個鍾頭搞下來，照說應該精疲力盡，但我們卻是聽得津津有味，在主人的引導下我們看到百年以上的鋼琴，百年的木頭椅，還有一隻狗——只有三歲。然後主人也沒有忘記，也略帶點驕傲口吻的跟我們秀這棟建築物曾登上媒體，當然是因為它那超過三位數年代的歷史。

　　住民宿重點自然是過夜，Melanie 引導我們上二樓看我們的房間，一進去就看到一張貌似維多利亞時代的古床，正心想這該不會也是……時，是的，Melanie 開口了，正是超過百年的床，那睡在上面是什麼感覺呢？老實說還不錯，沒有預期木頭嘎吱叫的怪聲，半夜原主人也沒來找我，就這樣一覺到天明。

隔天，起個大清早，看到民宿的另一主人 Perry，他熱情地招呼我們到餐廳用餐，那隻沒有百年歷史的狗也窩在桌腳邊搖著尾巴，表示歡迎之意。要介紹的是擺在桌上的餐點，就兩個麵包上面塗著厚奶油，旁邊放兩條培根，乍看無甚驚人之處，但放進嘴裡卻美味極了，想要再來一份卻好像不太好意思開口。

　　飯後男女主人說今天是星期天所以要到教堂做禮拜，其實從民宿的眾多擺設可以看出，這屋的主人就是個虔誠的基督教徒，但問題是他們去做禮拜那房子怎麼辦？Perry 說你們只要把門關上就好，也不用鎖，一百多年了沒有人會來偷，臨走前她說。所以我們就這樣乖乖地帶著大包小包行李離去，離開這因美麗錯誤而投宿的百年民宿。對了，離去前我們已經刷完卡付完錢了。

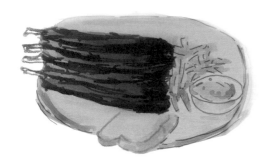

比臉大的羊排

　　臉書發訊息給前同事鵑如，問她堪薩斯城有什麼好吃的東西可以推薦的？

　　她說：「為什麼問我？」

　　我回：「啊妳不是 KC 第一號球迷而且美國中部住那麼久？」

　　她嗆我說：「我是 KC 球迷並不代表我住過那裡啊！不過我聽說那裡的 BBQ 很棒就是了！」

　　好吧，就衝著聽說這兩個字，我們到市中心找了家餐廳點了道 BBQ，結果嚇壞了，原因是來的 BBQ 像我臉一樣大，但大口一咬真的美味極了。

　　飽餐一頓出來後才發現餐廳門口一座牛銅雕像居然披上一件超大件的皇家隊披風，看起來完全沒有違和感，讓大家感受到這個城市如何愛戴這支球隊，還有棒球即將回來的訊息。

開幕史扎

大都會李也叫王建民搭後海佈欣呼

絕不放棄的王建民

　　即便王建民最死忠的球迷也很難預期，很難相信他有一天會重新站在大聯盟投手丘。這是不是包括我呢？也許是吧，所以在鳳凰城看到他跟隨著皇家客場打春訓賽時，親眼見他在響尾蛇主場的投手丘那一站時，我當時的確當作那是他 2016 年春訓的最終戰，隨後他就應該會跟著小聯盟賽程開始移動。

　　但沒想到賽後，在現場聽到的是王建民可能跟大聯盟球隊移動，那不就代表……其實以他在 2016 年春訓球速回春的表現來看，是有機會上到大聯盟，只是沒想到是開季名單，這怎麼不令人驚喜？更驚喜的是我和常富寧，本來這趟美國之旅，除了看春訓比賽，接著下來行程曾考慮要到中部看皇家和大都會，即前一年世界大賽組合的開幕戰，或是到邁阿密看馬

皇家主場外

林魚的第一戰？結果就路線安排上沿著中部走比較方便，最後就選擇第一方案，沒想到這選擇就見證了最難忘動人的一刻。

因為王建民成為皇家開季二十五人名單的一員。

我們帶著極為喜悅的心情前往堪薩斯城，在這之前雖然皇家總教練一直不願提早公佈二十五人名單，但從種種跡象來看，是八九不離十了，甚至應該說是百分百了。但從鳳凰城到目的地堪薩斯還是經歷一些風波，先是到登機口時飛機已離我們而去，接著是排候補其他班次是一班排過一班，從早上九點總算等到上飛機那刻，已近晚上十點半了，但無論如何人是上飛機了，就等隔天皇家的開幕戰了。

看開幕戰有一兩次的經驗，但屬這一次最特別。

「要不要喝酒？」「會不會打牌？」在皇家主場 Kauffman Stadium 外面的大廣場外，在開幕戰前早已聚集了數百輛大型卡車或休旅車。大家不約而同都把後車廂打開，折疊椅一擺屁股一坐，人手一瓶啤酒，還有人

在烤肉，有人在打牌，hip hop 音樂到處響，這哪裡是大比賽賽前，根本就是歡樂趴吧！當我們路過時，不斷有熱情的球迷坐在折疊椅上問我們要不要同樂，喝酒或打牌？有人問我們從哪裡來？回答是「Taiwan」時，就更熱情了（阿是真的有聽過，還是聽成泰國，呵），總之還沒進到球場先看到這歡樂的氣氛也算是先為接下來的比賽暖暖身吧。

這種活動稱之為 tailgate，之前是美式足球的專有名詞，tailgate party 是美式足球文化的一部份，在球賽開打前，開車到球場附近，打開後車廂或撐起大傘，桌椅一擺、吃食一放，音樂一播，就能開戶外趴了。直至今日在大型棒球賽會前，棒球迷也比照辦理搞起 tailgate party 來了，像世界大賽、開幕戰等好不熱鬧。

那我到底喝酒了沒？打牌了沒？

沒有！

我趕著去看王建民。

在飛向堪薩斯之前不是那麼篤定王建民能進二十五人名單，雖說差不多

是百分百，但沒有到那一刻誰也說不準，那一刻是何時呢？就是開幕典禮現場介紹主場球隊所有隊職員的那一瞬間。對這一支前一年世界大賽冠軍的隊伍，那是主場球迷何其榮耀的時刻，他們要感謝的自然是去年幫他們爭取榮耀的這群人、至少是主要選手都還留在陣中，少數則是這一年才加入的，王建民就是其中之一，當現場介紹王建民這位新同學時，全場依然給了熱烈的掌聲。但對我們這些台灣來的媒體意義大不相同，那是交雜許多不同感情在其中的，我們見證到一位不被現實擊倒的沙場老兵，不被傷痛所困的勇士，王建民又回大聯盟了！

那一刻真的很感動。

沒想到接著下來在觀眾席和王建民的經紀人張嘉元聊起他這兩年的奮鬥，才有更深層的觸動感。張嘉元提到 2015 年王建民獲得勇士隊春訓邀請，但接著在小聯盟表現不甚理想而被釋出。那時對王建民而言是人生最低潮的時候，完全不知道下一步該往何處去，某天張嘉元打給建仔，說有球可以打，雖是有隊伍可去，但張嘉元不確定王建民會不會答應，因為要準備去的是支獨立聯盟球隊，以王建民過去的顯赫資歷，任何球隊無所謂但至少是要大聯盟體系的，如今卻要委身於獨立聯盟，張嘉元不確定王建

民會不會點頭，沒想到建仔聽完之後就回：「我要去！」這讓張嘉元很感動，證明王建民不放棄一直再找回大聯盟的可能。

結束該年球季，張嘉元跟王建民介紹德州棒球學校，一開始王建民是半信半疑的，而且親自前往參觀之後疑惑更深了，因為他只看到一些小朋友在裡頭，而且教導的是並不常見的動作，但或許是這幾年一直在小聯盟打轉，最糟情況也不過如此，試試又何妨，結果也許棒球學校訓練那一套有用，也許是建仔想回大聯盟的強烈決心，王建民的球速明顯回升了，加上春訓表現精彩而重回久違的開季二十五人名單，寫下另一頁的王建民傳奇。

明星球星ALEX GORDON加油區

朝聖小熊球場

時候我們做事拖拖拉拉，大人總是罵我們：「你是打算做到民國一百年喔？」一百年！真的是很久很久的時間單位，想想民國創立也不過是剛過一百年不久，而有一支職棒隊就是有超過這麼久的時間沒有奪冠。

小熊隊上次奪得冠軍是 1908 年，比孫中山革命成功還要早上了三年。這百年來小熊球迷可能有人從出生到人生最後一刻都未能親眼目睹他們所支持的隊伍，為他們拿下冠軍的心願。

然而他們還是一代一代的支持，而且愈輸球迷愈多。

在轉播美國職棒每當有小熊隊比賽時，轉著轉著心想總有一天要去哪裡走一走，或者說是「朝聖」吧！結果一年接著一年過去了，雖然沒有百年未奪冠那麼久，但自己年齡也從四字頭邁入五字頭，直到 2016 年的這一年下決心到美國走一趟。

美國此行原規畫由西岸直接到東岸，或由西岸走中部這一線，但不論如何規畫，小熊主場的 Wrigley Field 是一定要去的，而且到要出發的 2016 這一年，這個球場正好是屆滿百年。而之前因為轉播世界大賽到過芬威球場，這一次如果還能造訪小熊球場，而且又碰上百年紀念，就太棒了。

其實搭地鐵到小熊球場的途中，內心就有些許激動，真看到小熊球場大門時，不自覺告訴自己：真的到了！嚴格說來小熊球場不論場外熱烘烘的氣氛，或是場內班駁的建築構造，都讓人有穿越時光，置身於百年前棒

芝加哥小熊球場

　　球古戰場之感，也不知為什麼看了場內那麼多大小不一、立於觀眾席的鐵架，讓我不自覺想起過往台北市棒場場，那一去不回的棒球場。

　　雖然隔年小熊隊就打破了百年孤寂，但如果三十座美國職棒球場，只能選一座的話，我還是選 Wrigley Field。

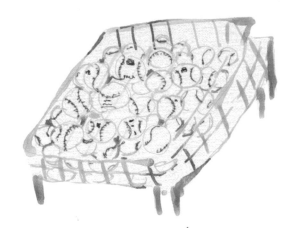

小熊球場外界外球專賣區

界外球大拍賣

　　沿著小熊球場往外走，會看到各式各樣小攤位，多數是販賣小熊相關的 T 恤，當中有正常版也有 kuso 版。原以為就這樣，沒想到走著走著到左外野的街口，發現有人推著一台類似大賣場的推車，上頭放置一堆有新有舊的棒球，好奇的問看起來像「老闆」的人：「這是什麼？」

　　「球場外撿的！」他回答。

　　「要賣嗎？」

　　「當然！」

　　「多少錢？」

　　「35。」

　　「這麼貴！」

　　「嘿！你知道這些球從哪裡來的？可是從 Wrigley Field 飛出來的啊，老兄，這可很珍貴啊！」

　　呃，話是這麼說沒錯，的確，不是每個人都可以撿到小熊球場洗禮過的使用球，且按小熊球迷的傳統，敵隊轟出的全壘打球可是得丟回去的，但即便如此，這個價錢，我還是走開了。

　　謝謝再聯絡！

屋頂觀眾席

老實說我也很想上去坐一坐，這可是小熊球場週邊最特殊的景觀了。你可付費坐在民房的屋頂上享受看小熊比賽的樂趣，

最早這些位置的產生只不過是外野某些民房上的屋頂空間，因為得天獨厚的位置，所以有些居民就搬些小椅子上去隔街看免費球。但後來有個商人聞到賺錢的商機，於是向民房主人用整棟樓的價錢承租頂樓的空間，然後擺上座椅就這麼做起生意來。聰明的生意人不但提供視野不錯的位置，而且還有免費的自助餐點。

生意做起來了，人潮來了，卻讓小熊球團對這些利用他們比賽看霸王球而營利的商家很不以為然，所以在 2002 年對這些商家提起訴訟並架起了防風網，不過雙方在 2004 年達成協議，商人以所得的百分之十七做為小熊球團的門票補償，而這些門票的位置也得到小熊球團的「認證」。

在去小熊球場之前就耳聞這遠近馳名的特殊景點，但一直以來始終認為既是屋頂位置大概不會貴到哪裡，結果 2016 年開幕戰當天，人就在樓下對著一個看起來不太友善之人詢問價錢，得到的是驚人的八百到一千二的數字，重點是……位置全賣光了。

紀念海盜名將
的 Roberto Clemente 橋

海盜球場

　　當有人聽到我要去匹茲堡看海盜隊比賽時，立馬跟我說：「你一定要去那個球場看一看，實在太美了。」是嗎？心裡真的懷疑這話的準確性，結果到了現場換我心裡 OS：「實在太美了，這個球場！」

　　匹茲堡整個城市讓我感覺很像波士頓，人文氣息很重，走在街上連呼吸都不太一樣。海盜隊主場 PNC Park 位於艾里格尼河北岸與南岸的市中心遙遙相望，中間有數座相當具特色的黃色橋梁相接，其中一座就是以海

盜名將 Roberto Clemente 命名的。走在右外野鄰近河岸的入口，還有一座海盜另一著名打者 Bill Mazeroski 的銅像，由此銅像望向商業區的另端煞是美麗。

不論是白天開賽前，不論是夜深比賽後，不論從南北岸哪個角度看 PNC Park 都美呆了，

如果要建議大聯盟球場旅遊名單，它應該可以排前三名吧。

還有，去 PNC Park 如果時間夠的話，附近還有一棟 Andy Warhol 美術館，館內珍藏相當多這位出身於匹茲堡的當代藝術大師作品，非常值得一看。

印安人球場內有趣的
方向指標

想看看不到

　　球隊的朋友老是叫我「雨神」。明明風和日麗的好天氣，我一到球場準備打球時，嘿，雨就開始飄了。有時想想被叫這個外號雖然不服氣，但好像有那麼一點道理。騎腳踏車環島，下雨。去台東參加三鐵，下雨。跑富邦馬拉松，下雨。最後是遠到東京跑熱門的「東京馬」，你以為會比較好嗎？還是一樣下雨。

　　這一次到美國看春訓及接著下來的例行賽，最怕的是受到天候影響打亂了比賽排程，當然在亞歷桑那是不用擔心的，畢竟那麼多球隊選擇那裡為春訓基地，就是因為當地好到不行的天氣環境（當然也熱到不行）。不過結束了春訓行程，接著下來的正規例行賽的移動就有點令人擔心了，畢竟每年的開賽後的四月，很多賽程都因為天候而取消，加上我過去的「豐功偉績」，著實感到不安啊。

一路北上到了克里夫蘭，這回沒有下雨喔，但！下雪了。真是哭哭，好不容易大老遠飛機加汽車到達目的地，一個告示牌寫著「postponed」就讓你超遺憾的打退堂鼓。事實上我們到達球場門口時是無風無雨的，當然也無雪，比賽卻不打了，只因為氣象預告一小時後有風雪要來，這就是大聯盟辦比賽的態度，相信氣象的專業，寧願不打提早因應，而不是屆時打打停停困擾所有人。

　　另外。球迷也相當地「守法」，明明沒有什麼風雨狀況，但依然見到看板的告示後，不吵不鬧二話不說就走人了。

特色獨具白襪球場

特色獨具白襪球場

　　從車站手扶梯往下走，即可看到大幅白襪隊兩次世界大賽冠軍年度的
標示，也標示著所有白襪人的驕傲。

白襪賽前球場外的先發牌

　　白襪隊 US Cellular Field 和其他大聯盟球場最大的不同，恐怕是它
獨樹一格的先發名單預告。在球場外掛著今天先發十人名單的巨型照片，
讓排隊進場的球迷先有特別的期待感。

超清楚的白襪 球場女廁指標

標成這樣總不會走錯吧,即便不認得 women 這個字,但看上面穿裙子的女子棒球隊員,也該知道這是女生廁所,這又是白襪主場 US Cellular Field 的巧思之一。

想要搭地鐵去白襪球場?這麼明顯的站名,都還會坐錯那就沒有辦法了。到白襪球場看球可以搭地下鐵 Red Line,至於到哪一站呢?很明顯的 sox-35th 站名即是,從 sox-35th 這一站走路差不多三五分鐘,就可到球場,如果還是怕找不到,跟著一群穿棒球服的人走就對了啦。

東河包子
僅此一家別無分店

臺灣鐵路局
區間
追分站
至
成功站
經由成追線
限當日發售有效
票價 15元

大甲名產
康家阿嬤人情味
粉腸香腸
粉腸香腸
獨家

ISLAND OF TAIWAN CERTIFICATION

This is to certify Tseng Wen Chen
has completed the Cycling Island of Taiwan

Duration: Mar. 14, 2015 ~ Mar. 22, 2015

This is to certify Tseng Wen Chen
has completed the Cycling Island of Taiwan

Duration: Mar. 14, 2015 ~ Mar. 22, 20

明 曾文誠 完成自行車環台壯舉

曾文誠
自行車環島

Wen Chen Tseng
Cycling Around Taiwan

我的「練習曲」

　　似乎很多人看了電影「練習曲」之後興起了騎車環島的心願。但我好像不是喔，記得在電影上映前，就一直希望有一天能騎車從北到南再往上東回台北，那應該很酷吧。但想歸想一直沒有機會試，或者說敢試，因為對十幾天的路程、自己的體力實在沒什麼信心，直到前幾年，開始有慢跑的習慣，從起初的短距離跑步到最後參加半馬、全馬的比賽，也通過標準三鐵的考驗。

　　正因為如此，對自己的體耐力開始有了較大的信心，正巧平常打慢壘的朋友有意組團環島，當下二話不說也報名參加，電影《練習曲》裡的經典台詞不是說「有些事現在不做，一輩子都不會做了」嗎？那就出發吧，多年的心願也就這樣要達成了。

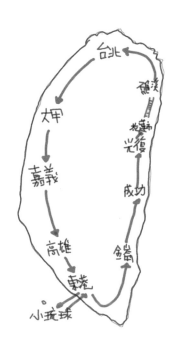

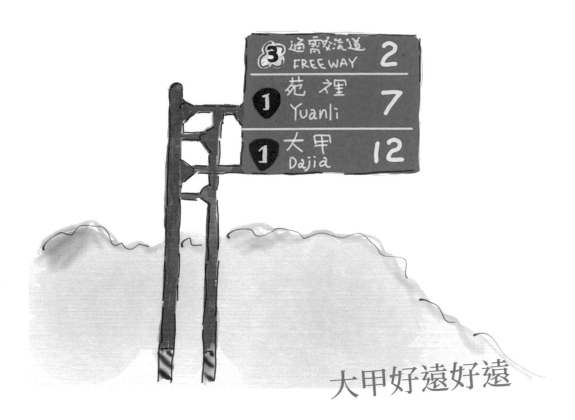

大甲好遠好遠

　　環島第一天的目標是板橋到台中大甲，總距離約 130KM，大夥想說拚一下應該沒有問題，但直看到省道大甲的標誌之前，大家（至少是我啦）是有點軟腳了，可是儘管省道指向還有 12K，但看到大甲二字還是士氣為之一振。不過沒想到騎完了 12K 之後，傳說的大甲呢？怎麼沒看到，結果又是一個指標指向大甲還有 10K，原來首先看到的標示其實只是告知你到該地的邊緣而已，你真正要去的市中心還有一大段距離。所以看到那市區的指標後，大家簡直氣力快放盡了，只能用疲累達到頂點形容。但再累總還是要騎吧！

　　不過至此之後，不論多久我們這群人，只要碰到形容該地到底有多遠時，我們就一定會說：「差不多像大甲吧！」

地方名物

　　說好了有機會在環島的途中，要遍嚐各地的美食，沒想到第一晚就吃到大甲名產「粉腸香腸」。

　　要問我味道如何？嗯，怎麼說，有點像沒有肉的香腸，很特別。但重點是地方美食就是這樣，味道是一回事，品嚐人情味才是重點，跟著鎮瀾宮的人潮一起排隊，聽聞他們日間的大小事，那種飄在空中的地方味，才是最令人難忘的。

西螺大橋

　　學課本裡有一段，總是告訴我們台灣有個很值得驕傲的象徵，叫西螺大橋，它的長度，它的鐵公路並行，都曾經讓台灣這個島國成為最佳的宣傳物，所以小時候都覺得西螺大橋很偉大，然後電視連續劇「西螺七崁」也轟動一時，所以對西螺這個地區、這座橋充滿了高於其他地區的想像，有機會用「雙腳」途經它，怎麼能不停下來好好欣賞呢？

火車來追分

　　大大有名的追分火車站竟座落於省道不起眼的小
路旁，如果不是眼尖，恐一下就錯過了。

　　不免俗地在門口拍照，也不免俗地花了十五塊買
了張「追分成功」的車票，當做紀念也送給家裡的寶
貝女兒，祝她有好的考運，一舉追分成功。

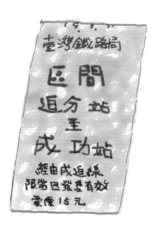

就愛 kano 風

投宿嘉義，那是家專門提供背包客及單車客的民宿，車友是這麼告訴我的，所以他選擇了這家民宿，當然我們也同意，而且地點就在嘉義市中心，如果可以的話還能早點到嘉義市區逛逛，結果一路到嘉義已經腳力放盡，接近午夜才到達，帶著累到掛的身心，只想快快打開門快快躺平，結果「熱心」的民宿老闆硬是要照招呼客人的「SOP」走，從嘉義的民俗風情到這個民宿的各種特色說個不停，最後我實在受不了開口：「老闆，我們都很累了，可不可以給我們鑰匙，我們想休息了。」這一說老闆總算意識到好像話多了點，但顯然他還是意猶未盡地加了句，你們每個房間門口都有特別的名字喔，然後他講了一段 kano 的棒球故事，但我總不好說：「嘉農我比你熟吧！」還是聽他大略講完，領了鑰匙就往房間走，果然每間門口都有不同的名稱，這也是那陣子「嘉農風」的具體代表吧。

台南官田路邊的菱角攤

台北人：「菱角要怎麼吃？」

老闆：「雙邊拆開就可以啊！」

台北人：「菱角是長在哪裡？」

老闆：「你旁邊飄在水上都是！」

　　台北人是我，老闆是官田路邊在賣現採菱角，但卻一直玩手遊的人。

　　菱角是官田的名產，但另一名產應該是前總統陳水扁啊，有點衝動想去他老家瞧瞧何樣？但這一來恐怕會耽誤到前往高雄的路程，所以只好作罷。但能蹲在路邊吃現採菱角也是人生頭遭吧。

台南菱角美味

徒步的勇士

　　宗教的力量究竟有多大呢？大到能讓一個人負重背著神像，從新北石碇然後徒步環島一圈，只因為神明指示。

　　在途中我們一邊騎著車，遠遠就看著一個人影孤獨地走著，接近他身旁好奇一問，才知他是一個精神感人的勇者，他打算這樣一直走直到繞台灣一圈。事實上他過去已經做過一次了，但最近請示神明之後，神明指示他還要再走一趟，所以他就又起身了。

　　和他聊聊，大家一起拍個照，完全看不出他有任何疲累之感，或許這就是宗教的力量吧，相較之下，有車騎的我們還喊什麼累呢？

阿勇的人情味

　　「三小！」是他的口頭蟬。嘴角永遠有紅色檳榔渣。牙齒齒垢可以看出他抽菸的歷史。

　　他是「阿勇」，老家在東港的阿勇，是我慢壘球隊的隊友，談不上什麼太深的交情，但我們環島一路上經過東港這一晚，他卻讓我們見識到什麼叫做人情味，是的，整晚他掛在口中也付諸行動。

　　他跟我們約在東港碼頭，然後說要帶我們去吃道地的海鮮，到東港吃海鮮想來是名正言順，當地人帶頭去找道地海鮮那肯定錯不了，肯定很棒的。

　　結果他說的道地海鮮還真「道地」啊！就在他家門口，擺一張大桌子，大家就圍著桌子坐，桌上是他媽媽和親友料理的滿滿一桌海鮮，有些我都還叫不出名字，除海鮮外當然還有必備的啤酒，不喝酒的我也破例喝了半杯，也許是氣氛太好了，有回到小時候街坊鄰居聊天吃菜喝酒的感覺，事實上好像也如此，阿勇似乎把鄰居都吆喝上了，大家樂見這久未回家的遊子，也把我們這從台北一路南下的騎士當做自己人，像多年好友一樣款待，席間我們天南地北聊，天上地下海裡的東西吃個不停。

　　東港夜、好美。

　　人情味、好濃。

難以形容小琉球的美，也許是沒什麼遊客的三月天，讓我們更能安安靜靜地享受海風和島上的一切，和盡情大口呼吸海邊微帶鹹味的空氣。2004 年曾因奧運採訪機會踩踏過希臘小島，現在我眼前的小琉球就頗有希臘小島的 fu。

　　小琉球的美難以下筆，難以具體描繪，但唯有這支在台灣本島極少見的警示標誌，讓我有身處在小琉球的「具體感」。

斷崖請小心

斷崖

小琉球冰店

　　這一次計畫是環島、不過是環兩個島喔，一個是台灣本島，一個是小很多很多的小琉球，騎車環小琉球一點都不困難，畢竟島不大，而且邊騎邊看美景很棒，途中還有很多特色店，其中一家冰店，坐著想吃碗冰消暑，結果和老闆娘聊天才發現她是新店人，從新店遠嫁至此，由於我們都是新北人，所以聽到老闆娘一說頗有「他鄉遇故知」之感，可能也因為如此吧，突然覺得老闆娘超級親切，然後呢，重點是老闆娘不論長相、口氣，還有笑聲根本就是林美秀的翻版啊，呵。

路邊的黑金剛

　　騎自行車的好處就是騎到哪，看到哪，還有，吃到哪。隨處走隨處停隨處吃。

　　往南迴的路上，在省道旁每隔一段路就有人在賣蓮霧，有頗具規模的大門面，也有小攤的個體戶，但每家看起來都紅通通好吃得很，既然沒有特定目標，我們就選了阿桑，至少心裡感覺到有幫點忙。其實也不會挑什麼蓮霧，阿桑說好吃拿給我們，就這樣付錢蹲在路邊吃了起來，配合這熱到不行的天氣，又是人生很過癮的一刻。

壽卡路遙遙

之前聽過一個說法，如果你騎過壽卡，那代表你就一定能完成環島的壯舉，但壽卡可不是讓你那麼好征服的。

心理其實早有準備，走南迴從楓港到壽卡這一段是不停不斷的上坡路。但實際一走（爬）比想像要累一百倍。20公里的距離是不間斷地上坡又上坡，對體力是極大的挑戰，對心理也是，總覺得那坡是永無止境地往上又往上。

等上到最頂點、壽卡鐵馬驛站時，真的忍不住高聲歡呼，也忍不住把腳踏車一丟，躺在地上呈大字型，這是我跑全馬都未曾有過的，真是爆累啊。

有人說能騎過壽卡，環島絕不會有問題。

我相信！

有貓的金崙村

　　如果不是環島，我真的不知道台東有個地方叫金崙，而且還有溫泉可以泡，如果沒有在金崙住上一晚，多待那麼點時間的話，還不知道金崙的貓有那麼多，多到不輸給猴硐。

　　從街邊的 7-11 到我們住的民宿，到處都是貓，多到路邊都有提醒你小心貓的告示，這應該是金崙除了溫泉之外的最大特色吧。

美侖美奐的神聖地

　　沒有宗教信仰的我，卻是看到宗教象徵的廟宇、教堂，心中總有一種自然而生的平靜感。

　　從西部而下看到很多地方廟宇，由東部而上見到許多特色教堂，那種感覺是，除了內心的平靜外，又多了一份藝術之美。

往左？往右？

　　不是選擇人生的道路。但每次的抉擇總是那麼難，難在早知如此的悔恨，或是無法得知另一選擇的結果。

　　所以是往左？還是往右？

　　台九線？還是台十一線？

　　走山還是走海？

　　在這叉路口，我們這群人猶疑該如何走？也許最老的是我，講的話大家不好反對，我說大家去看海吧，最終我們就決定走台十一線，沿海岸北上。我們永遠不知道如果選山線會是如何？但確定的是看到美麗的海景，我想我們的決定是非常棒的。

全台「名牌包」

　　台灣各地賣出名的包子不少，像新竹黑貓包，以前到新竹轉播如果有空時都會來上幾個。這次環島也巧合地路過幾處「名牌包」，像第三天的嘉義民雄包，第五天的台東東河包，第七天的花蓮成功包，很可惜的是要回台北前的宜蘭礁溪包沒吃到，因為店家公休，為什麼會特別提宜蘭礁溪包，除了真的超好吃之外，記得兒子小時候有一年生日，問他想要什麼禮物，他竟說想吃之前嚐過的礁溪包，然後呢，我就當「孝子」了，那天生日我真的當天從台北礁溪來回，達成他的心願。

　　如果問我吃那麼多包子，排第一的是哪個呢？應該還是宜蘭礁溪包，可能是多了點親情的回憶。

林將

愛體育的花蓮林將

　　林將和我有多重關係，他一開始是我職棒聯盟的長官，後來變成我研究所的同班同學。林將出身於花蓮，一生皆在努力推廣台灣體育運動，他經營過專業的運動刊物「體育世界」，推動慢壘在台灣生根，參與職棒聯盟成立，也擔任過秘書長，然後是職棒副領隊，運動經紀公司負責人。

　　也因為實在太愛體育了，最後乾脆把名字改成林體育，不過我還是很習慣叫他林將。

　　近年林將回到老家花蓮賣起了咖啡，最重要他還自製賣貝果。一早他會帶著他的貝果，然後打扮成可愛的小丑到小學去兜售，如果職棒到花蓮比賽，對體育不忘情的他，甚至會友情贊助提供貝果請大家吃，賣咖啡賣貝果慢慢也讓他在花蓮打出響亮的名號，叫「巴俗」。

　　很特別的的林將，很有愛的人，很高興在花蓮的途中能和這位老友見上一面。

台十一線一路北上是原本的計畫，但不是跟團就有這個好處，隨時隨心情做改變，所以我們臨時有一半的人決定從台十一線改走台九甲線，如果不是這樣的話，可能就沒機會到光復糖廠吃冰棒，而且一口氣吃了三支。其實光復糖廠去過很多次了，吃過冰棒也欣賞過日式舊宿舍，但卻第一次發現原來花蓮糖廠還有這麼支具有建築特色的大煙囪。

糖廠大煙囪

好貼心啊

　　說是自行車環島，其實還有一段沒繞到，那就是基於安全考量，我們放棄了蘇花那段，直接從花蓮轉搭火車到宜蘭。十幾天只靠雙腿不斷踩踏前進，一旦搭火車之後就突然發現，跑得可真快啊。還有感想之二，是陸客真的很絕妙，在火車上巧遇也搭同車廂的陸客，先是問我們打哪來？要去哪？我們當下照實一一回答，重點是接下來，完全沒有徵求我們同意，幾個陸客就開始研究我們身前的車子，因為陸客 A 和陸客 B 對我們車子是哪種材質爭執不下，陸客 C 居然就用手猛敲我們的車架，然後用隔壁車廂也聽得到的聲響大叫：「喲，就不是鐵的嘛！」

　　好啦，對我們來說真的是很快，咻的就到了宜蘭，牽著鐵馬要出站的我們，發現宜蘭火車站有個很棒的設計，在樓梯間設置可讓自行車推上去的滑道，實在是貼心又具特色。

九彎十八拐

　　如果你開車看到「連續彎路十二公里」、「連續彎路四公里」可能沒什麼感覺吧。但騎腳踏車就不同了，爬坡又碰上永無止境的彎路那真的是要人命。

　　一直以為南迴那段壽卡已經是極限了，沒想到快回台北前的北宜公路才真是要人命、所謂的九彎十八拐才是對體耐力的終極挑戰。那種不論你如何騎還是無止境的爬坡、爬坡又爬坡。等好不容易一段平坦路，但接下來又是一段爬再爬。

　　這是很難忘的挑戰，但我還是撐過去了。

真的是好便利

　　以前常南北奔波跟著職棒跑時，就覺得便利商店很重要，這次環島行才驚覺它的重要性，重要得不得了。

　　它是提供我旅途的休息、營養補給、解決大小號的地方，真的名符其實的「便利商店」。

　　但有一點我現在才發現，為什麼整個台灣省道旁的便利商店絕大多數都是 7-11 呢？很少看到它的競爭對手「全家」，實在很有趣。

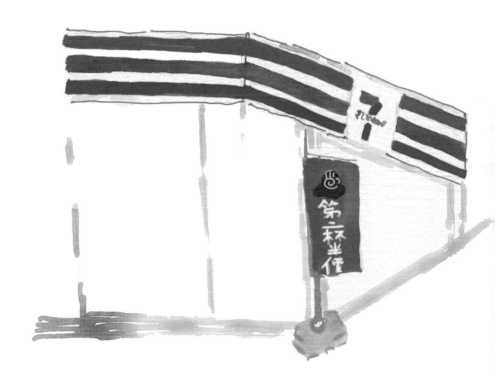

附錄
曾文誠的水彩畫

Appendix
Watercolor painting

華山文創園區
2016.8.14.
曾文誠

華山文創園區
2016.8.16. 曾文誠

青田七六
2016.8.21.

台北孔廟
2016.8.7
曾文誠

國家圖書館出版品預行編目資料

曾文誠的私房畫 / 圖・文／曾文誠 .
-- 初版 . -- 臺中市：好讀 , 2017.06
面；　公分 . -- (小宇宙；彩虹；03)

ISBN 978-986-178-431-1(平裝)

1. 職業棒球 2. 文集

528.95507　　　　　　　　　　　106004770

好讀出版

小宇宙・彩虹 03

曾文誠的私房畫：美國行 X 台灣環島珍藏手繪本

作　者／曾文誠
總編輯／鄧茵茵
文字編輯／莊銘桓
美術設計／鄭年亨
行銷企畫／劉恩綺
發行所／好讀出版有限公司
台中市 407 西屯區何厝里 19 鄰大有街 13 號
TEL:04-23157795 FAX:04-23144188
http://howdo.morningstar.com.tw
（如對本書編輯或內容有意見，請來電或上網告訴我們）
法律顧問／陳思成律師

戶名：知己圖書股份有限公司
劃撥帳號：15060393
服務專線：04-23595819 轉 230
傳真專線：04-23597123
E-mail：service@morningstar.com.tw
如需詳細出版書目、訂書、歡迎洽詢
晨星網路書店 http://www.morningstar.com.tw

印刷／上好印刷股份有限公司 TEL:04-23150280
初版／西元 2017 年 6 月 1 日
定價／ 250 元
如有破損或裝訂錯誤，請寄回台中市 407 工業區 30 路 1 號更換（好讀倉儲部收）

Published by How-Do Publishing Co., Ltd.
2017 Printed in Taiwan
All rights reserved.
ISBN 978-986-178-431-1

讀者回函

只要寄回本回函，就能不定時收到晨星出版集團最新電子報及相關優惠活動訊息，並有機會參加抽獎，獲得贈書。因此有電子信箱的讀者，千萬別吝於寫上你的信箱地址。

書名:曾文誠的私房畫:美國行X台灣環島珍藏手繪本

姓名:＿＿＿＿＿＿＿＿性別:□男 □女

生日:＿＿＿年＿＿＿月＿＿＿日

教育程度:＿＿＿＿＿＿＿＿＿＿＿＿＿＿＿＿＿＿＿＿＿＿＿＿＿

職業:□學生 □教師 □一般職員 □企業主管

　　　□家庭主婦 □自由業 □醫護 □軍警 □其他＿＿＿＿＿＿＿＿＿

電子郵件信箱(e-mail):＿＿＿＿＿＿＿＿＿＿＿＿＿＿＿＿＿＿

電話:＿＿＿＿＿＿＿＿＿＿＿＿＿＿＿＿＿＿＿＿＿＿＿＿＿

聯絡地址:□□□

＿＿＿＿＿＿＿＿＿＿＿＿＿＿＿＿＿＿＿＿＿＿＿＿＿＿＿＿

你怎麼發現這本書的?
□學校選書 □書店 □網路書店＿＿＿＿＿＿＿＿＿＿＿＿＿＿
□朋友推薦 □報章雜誌報導 □其他 ＿＿＿＿＿＿＿＿＿＿＿＿

買這本書的原因是:＿＿＿＿＿＿＿＿＿＿＿＿＿＿＿＿＿＿＿
□內容題材深得我心 □價格便宜 □封面與內頁設計很優 □其他 ＿＿＿＿＿

你對這本書還有其他意見嗎?請通通告訴我們:

＿＿＿＿＿＿＿＿＿＿＿＿＿＿＿＿＿＿＿＿＿＿＿＿＿＿＿＿

＿＿＿＿＿＿＿＿＿＿＿＿＿＿＿＿＿＿＿＿＿＿＿＿＿＿＿＿

你購買過幾本好讀的書?(不包括現在這一本)
□沒買過 □1～5本 □6～10本 □11～20本 □太多了

你希望能如何得到更多好讀的出版訊息?
□常寄電子報 □網站常常更新 □常在報章雜誌上看到好讀新書消息
□我有更棒的想法 ＿＿＿＿＿＿＿＿＿＿＿＿＿＿＿＿＿＿＿

最後請推薦幾個閱讀同好的姓名與E-mail，讓他們也能收到好讀的近期書訊:

＿＿＿＿＿＿＿＿＿＿＿＿＿＿＿＿＿＿＿＿＿＿＿＿＿＿＿＿

＿＿＿＿＿＿＿＿＿＿＿＿＿＿＿＿＿＿＿＿＿＿＿＿＿＿＿＿

我們確實接收到你對好讀的心意了，再次感謝你抽空填寫這份回函，請有空時上網或來信與我們交換意見，好讀出版有限公司編輯部同仁感謝你!
好讀的部落格:http://howdo.morningstar.com.tw/

廣告回函
臺灣中區郵政管理局
登記證第3877號
免貼郵票

好讀出版有限公司 編輯部收

407 台中市西屯區何厝里大有街13號
電話：04-23157795-6　傳真：04-23144188

沿虛線對折

買好讀出版書籍的方法：

一、先請你上晨星網路書店http://www.morningstar.com.tw
　　檢索書目或直接在網上購買

二、以郵政劃撥購書：帳號15060393　戶名：知己圖書股份有限公司
　　並在通信欄中註明你想買的書名與數量

三、大量訂購者可直接以客服專線洽詢，有專人為您服務：
　　客服專線：04-23595819轉232　傳真：04-23597123

四、客服信箱：service@morningstar.com.tw